... und dann ist Weihnachten

Geschichten · Lieder · Gedichte

Mache dich auf, werde licht;
denn dein Licht kommt,
und die Herrlichkeit des Herrn geht auf über dir!
Denn siehe,
Finsternis bedeckt das Erdreich
und Dunkelheit die Völker;
aber über dir geht auf der Herr und seine
Herrlichkeit erscheint
über dir.

Jesaja 60, 1–2

MAR

Du schaust auf meine Hände, nicht wahr, Maria? Sie zittern. Sonst sind sie so stark, so geschickt, wenn sie mit dem Werkzeug umgehen. Aber jetzt kann ich mich nicht mehr auf sie verlassen. Oder kann ich es doch, Maria? Das, was zwischen uns ist, bringt mich um. Es hat nur den Anschein, als ob ich noch lebe, in Wirklichkeit bin ich in meinem Innern wie tot.

Maria, Maria, ich weiß, es tut Dir weh, mich so zu sehen. Ich laufe umher, als wäre ich nicht mehr ich selbst, mit verstörten Augen, gleichgültig gegenüber allem, was um mich geschieht. Doch seit dem Tag, an dem Du es mir erzählt hast, finde ich keine Ruhe mehr. Wenn ich nur eine Speise sehe, dreht sich mir der Magen um. Nachts finde ich keine Ruhe, so verzweifelt bin ich in meinem Schmerz. Gequält warte ich auf den Sonnenaufgang über dem Berg Hermon, doch wenn der Tag kommt, wünsche ich die Nacht herbei, damit ihre Dunkelheit Deine Schande bedeckt und Dein Leiden verbirgt.

Ein Wunder?

Ich möchte Dir so gern vertrauen, Maria. Natürlich glaube ich, ich glaube an Gott, ich glaube an seine mächtigen Engel, ich glaube an sein Königreich. Aber diese Geschichte – es ist mir einfach unmöglich, sie für wahr zu halten! Wer sind wir, und wer bist Du, Maria, daß der Allmächtige sich zu Dir geneigt, mit Dir gesprochen, Dich auserwählt und dann in diesem Zustand zurückgelassen hätte? Du sagtest, daß die Herrlichkeit des Allmächtigen Dich überschattete. Was bedeutet das, Maria? Durch Schatten entstehen

IA UND JOSEF

doch keine kleinen Kinder. Wie kann eine Frau ohne einen Mann schwanger werden?

Gut, angenommen, der allmächtige Herr wollte Dich aus irgendeinem Grund segnen. Aber ist das ein Segen? Glaubst Du wirklich, Gott würde Dich segnen, indem er Dich zerstört? Würde er der Frau, die ich liebe, ein Kind schenken, das nicht auch mein Kind ist? Erinnere Dich, Maria. Vier Jahrhunderte lang gab es kein lebendiges Zeichen vom Himmel. Gott schwieg. Seit der weise Maleachi unseren Vätern gesagt hat, wir sollten auf einen anderen Elia warten, ist kein neuer Prophet erschienen, und Elia ist nicht wiedergekommen. Aber nun, meine geliebte Maria, Du sanfte Taube auf den Hügeln, Du Demütigste unter den jungen Frauen aus Galiläa, Du Bescheidenste der Mädchen von Nazareth, sagst Du mir, daß Gott zu Dir gesprochen hätte, daß er ein Wunder an Dir getan, daß er den Messias in Deinen Leib gelegt hat. Maria, ich bitte Dich, laß niemand diese Worte hören, sie sind gotteslästerlich. Du weißt, man würde Dich zu Tode steinigen, wenn sie irgend jemand erfährt. Ich möchte Dir nicht wehtun, meine Geliebte, ich sehe den Schmerz in Deinen Augen. Deine Sorge bedrückt mich mehr als Dich, und das verstehe ich nicht. Vergeblich suche ich in Deinem Gesicht nach irgendeiner Spur von Schuld. Ich warte darauf, daß es in einem unbewachten Augenblick einen Anflug von Scham zeigt. Aber Du schämst Dich nicht!

Mit meinen Blicken folge ich Deinen Händen, ob Du sie vielleicht manchmal gegen Deine Lippen preßt, um einen Aufschrei der Verzweiflung zurückzuhalten. Doch nichts geschieht, im Gegenteil, auf Deinem Gesicht liegt nur dieses zarte, nicht zu beschreibende Lächeln des Friedens, das ich mir nicht erklären kann. Wie ist es möglich, daß Du so aussiehst, Maria? Mir kommt es vor, als hättest Du Dich in eine andere Welt zurückgezogen. Der Frieden auf Deinem Gesicht ist wie der Widerschein einer Reise in die Ewigkeit. In Deinen Augen liegt ein Ausdruck von Gelassenheit und Stolz wie bei einem Menschen, der aus der Wüste zurückkommt und Gott begegnet ist. Deine Seele ist erhoben worden! Mein Herz kann Dein Herz nicht mehr erreichen, Maria. Was ist mit Dir geschehen?

Was kann aus Nazareth Gutes kommen?

Laß uns noch einmal von vorn beginnen. Du hast mir berichtet, Du seiest von Gott auserwählt worden. Bedenke doch, was Du sagst! Hat Gott jemals eine Frau auserwählt? Was sollte wohl unser Vater im Himmel mit einem kleinen Bauernmädchen wie Dir? Da stehen Männer, Heilige, Krieger, Helden, Könige Tag und Nacht in Bereitschaft. Sie warten auf ein Zeichen von Gott, um sich in Bewegung zu setzen und für ihn zu streiten. Und Du willst mich glauben machen, der allmächtige Gott beachtete sie alle nicht, sondern beugte sich nieder zu diesen vertrockneten Hügeln, dem kleinen Flecken Nazareth, der noch nicht einmal von den Propheten erwähnt wird, und wählte ein junges Mädchen aus, um ihr die Erlösung Israels anzuvertrauen? Maria, mach Dich nicht lächerlich, was kann schon aus Nazareth Gutes kommen?

Du weißt, wenn Gott redet, erschüttert die Erde, Dunkelheit legt sich über den Himmel, die Berge spalten sich, und die Sonne verliert ihren Schein. Und wenn Gott jemanden ruft, dann ruft er einen Mose oder einen Elia, einen Amos oder einen Jesaja, aber doch nicht eine Frau.

Ach, Du denkst an Deborah? Ich bitte Dich, Du kannst Dich doch nicht mit Deborah vergleichen. Sie war nicht einfach eine Frau, sie war etwas ganz Ungewöhnliches, sie war beinahe wie ein Mann. Es stimmt, Gott rief sie, aber er gab ihr ein Schwert in die Hand, nicht etwa ein Kind in ihren Leib. Und Esther, wie kannst Du

Dich neben sie stellen? Sie war die schönste Frau ihrer Zeit. Gott machte sie zu einer Königin auf Erden, sie befreite ihr Volk. Was willst Du mit Deinem Kind für irgendjemanden auf dieser Welt tun, Du, in diesem kleinen Ort Nazareth? Und Ruth? Ach ja Ruth, da hast Du recht. Sie war anders als die beiden Frauen, richtiger gesagt, sie war zweimal unbedeutender als sie, denn sie war ja nur eine Heidin und noch dazu eine Frau. Aber hüte Deine Worte. Du weißt, daß sie Gnade fand in Gottes Augen und unseren Vater David gebar, den großen König.

Und nun willst Du behaupten, Dein Kind sei auch ein Sohn Davids? Wie willst Du das beweisen? Wir wissen doch nicht, wer der Vater ist! Und selbst wenn er mein Sohn wäre, selbst wenn wir ihm meinen Namen geben würden, selbst wenn er ein Nachkomme Davids wäre, kann ein Sohn Davids größer sein als der Vater? Nein, Maria, es fällt mir nicht leicht, Dir das alles zu sagen, und es ist noch schwerer, Konsequenzen daraus zu ziehen. Aber ich muß, es gibt keinen anderen Weg. Unser Gesetz fordert, daß ich Deine Untreue vor die Vorsteher der Synagoge bringe. Aber fürchte Dich nicht, Maria, Du hast mich verraten, aber ich werde Dich nicht verraten. Andererseits mußt Du verstehen, daß eine Heirat jetzt nicht mehr möglich ist. Wir können nicht ein Leben lang mit einer Lüge leben, sie würde immer zwischen uns sein. So habe ich mich entschieden: Wir wollen jeden glauben lassen, daß es mein Kind ist, und ich werde Dir einen Scheidebrief geben. Du wirst Dein Leben leben, und ich werde meiner Wege gehen. Du wirst Deine Bürde tragen und ich meinen Schmerz.

Am nächsten Morgen

Maria, Maria, mach die Tür auf! Ja, ich bin es! Nein, ich bin es nicht, ich meine, es ist jemand anderes! Nein, ich bin nicht erschüttert, die ganze Welt ist erschüttert! Bin ich völlig verdreht? Nein, ich phantasiere nicht. Ich bin wie verzückt über das, was Gott mir gezeigt hat. Ich bin auch nicht betrunken, es ist ja noch viel zu früh. Ich bin nur trunken von den Worten, die ich von Gott empfangen habe.

Maria, er kam, er kam zu mir! Es war mitten in der Nacht. Stundenlang hatte ich um Schlaf gekämpft, Alpträume verfolgten mich, ich war allein. Aber plötzlich war jemand da. Ich spürte die Anwesenheit von jemandem, der von weit herkam. Er kam näher und näher. Ich bedeckte mein Gesicht und preßte mich an die Wand wie ohnmächtig. Die Ausstrahlung der Gegenwart dieses jemandes war unerträglich. Aber als er sprach, war seine Stimme sanft und liebevoll, so als ob er mich kennen würde. Er sagte: »Josef, Sohn Davids.« Ich war unfähig, irgendeine Bewegung zu machen. Und er fuhr fort: »Zögere nicht, Maria als Deine Frau zu Dir zu nehmen, denn das, was in ihr heranwächst, ist vom Heiligen Geist. Und sie wird einen Sohn gebären, und Du sollst ihn Jesus nennen, denn er wird sein Volk erretten von seinen Sünden.«

Und nun Maria, bitte ich Dich, verzeih mir mein Mißtrauen. Du bist von Gott auserwählt, Du bist gesegnet unter den Frauen, und das Kind in Deinem Leib ist heilig. Jetzt weiß ich es, Gott hat Dich gemeint. Dich, die so gut ist, rein, gehorsam und stark. Er hat Dich erhört. Jetzt erst erkenne ich, daß Gott niemanden bevorzugt, daß nur der vor ihm angesehen ist – Mann oder Frau –, der ihn fürchtet. Du weißt, wer Du bist, nicht wahr, Maria? Die Frau, die den Kopf der Schlange zertreten hat, – diese Frau bist Du.

Ach, Maria, etwas Wunderbares wird nun beginnen. Durch Deinen Sohn wird Gott seinen Heiligen Geist über alles, was lebt, ausschütten, über die Männer und die Frauen, die ihm dienen. Durch Dein Kind werden Söhne und Töchter die Gabe der Prophetie bekommen. Durch Dich werden Deine Schwestern Freiheit empfangen, Mut, Gaben und Kühnheit, um sie im Dienst Gottes einzusetzen.

Wie ist es, Maria, hast Du schon einmal darüber nachgedacht, was für ein Mensch er sein wird? Wird er wirklich ganz Mensch sein wie wir? Sicherlich wird er Dir ähnlich sehen und Deine Haarfarbe haben. Seine Augen werden hüpfen und tanzen wie Deine, wenn Du lächelst. Vielleicht wird er auch die breiten Schultern und die großen Hände Deines Vaters haben. Stell Dir nur vor, wer er alles sein wird.

Er wird geboren als der Sohn des Allerhöchsten. Dies hat mir der Engel letzte Nacht prophezeit. Das bedeutet, daß alle alten Prophezeiungen ihre Erfüllung in ihm finden. Hast Du Dir klargemacht, Maria, daß Dein Sohn König sein wird?

Eines Tages werden ihm die Nationen zu Füßen liegen, und er wird sie mit seinem Stab regieren. Millionen von Engeln werden seinem Befehl gehorchen. Er wird ihnen in einem goldenen Wagen voranziehen, den vier geflügelte Hengste ziehen. Sein schreckliches Schwert wird in der Sonne blitzen. Er wird die Horden der Heiden zerstreuen, er wird die römischen Legionen vernichten und die Welt regieren. Was sagst Du dazu, Maria? Magst Du diese Gedanken nicht? Ich glaube, Du hast recht, denn wenn jemand unter uns einfachen Leuten groß wird, ist er auch an unsere Herkunft gebunden, sonst wäre er ja in eine der aristokratischen Familien Jerusalems hineingeboren worden. Offenbar hat Gott aber mit Absicht uns kleine Leute auserwählt. Bedeutet das wohl auch, daß er immer arm sein wird, so wie wir alle hier in Nazareth?

Erkläre mir doch, wie kann ein einfacher Mensch gleichzeitig groß sein? Ich bin nur ein schlichter Zimmermann. Wird er denselben Beruf erlernen? Ach, wie gerne würde ich ihm beibringen, mein Handwerkszeug zu gebrauchen. Ich würde aus ihm den besten Zimmermann von ganz Galiläa machen. Aber was kann ein Zimmermann aus Galiläa für die Rettung der Welt tun? Vielleicht wird er viele Kreuze bauen, damit gottlose Heiden daran genagelt werden. Du schüttelst Deinen Kopf, Maria? Du meinst, daß ich mich auch darin irre?

Der große Hirte

Ja, es stimmt schon, wir leben in einer traurigen Welt. Viele Menschen müssen leiden und Schmerzen ertragen. Selbst unser Volk, das doch so stolz darauf ist, von Gott auserwählt zu sein, ist nur ein Volk von verlorenen Schafen, zerstreut in den Wüsten des Zweifels und der Verwirrung. Ach, wie nötig hätten wir einen großen Hirten! Wir sind blind und brauchten jemanden, der uns das Augenlicht wiedergibt. Wir sind lahm. Jemand müßte uns zeigen, wie wir wieder laufen können. Wir sind taub und suchen nach einem, der uns die Ohren öffnet. Über und über sind wir mit Lepra bedeckt und warten verzweifelt auf jemanden, der uns reinigt. Wir sind arm und sehnen uns nach der Verkündigung der Guten Nachricht. Wir sind schuldig und belastet und können nur frei werden, wenn einer uns frei macht.

Ach, es gibt so viel Elend. Mein Herz sehnt sich nach Hoffnung, Maria. Stattdessen zittert es vor Furcht. Wie könnte jemand all das Leid heilen, ohne selbst dabei zerbrochen zu werden? Wird Dein Sohn einmal so leiden müssen, Maria? Wird das schreckliche Schwert sich gegen ihn wenden und Dein Herz durchstoßen? Doch laß uns nicht ängstlich sein, der allmächtige Gott ist gut, wir können ihm vertrauen.

Übrigens hörte ich ein Gerücht aus Syrien, der König hätte ein Gesetz erlassen. Alle Bewohner unserer Provinzen müßten zu ihrem Geburtsort reisen, weil eine Volkszählung stattfinden wird. Wenn das wahr ist, müssen wir nach Bethlehem gehen, gerade dann, wenn das Kind zur Welt kommt. Freu Dich Maria, weißt Du, was das bedeutet? Bethlehem – es liegt nahe bei Jerusalem, der Stadt Davids. Du siehst, daß Gott in weiser Voraussicht den Weg für seinen Sohn vorbereitet hat, damit er im Ruhm der großen Stadt geboren wird.

Die Tore des Palastes werden für Dich offen sein, Könige und Edle sich versammeln, um seine Geburt zu feiern und ihre Ehrerbietung zu erweisen. Die Vorhöfe des Tempels werden voll sein von Menschen, und die Menge wird über die Geburt des Königs jubeln. Eine Trompete wird von der Spitze der Stadt ertönen und ein Hosianna über das ganze Land erschallen.

Gott hat sich auf wunderbare Weise offenbart. Erinnerst Du Dich an die seltsamen Worte des Propheten Jesaja? Er sagte: »Siehe, eine Jungfrau ist schwanger und wird einen Sohn gebären, den wird sie nennen Immanuel.« Kann es sein, daß der Prophet damals schon von Dir gesprochen hat? Denk Dir nur, er erwähnte Dein Kind – Immanuel, Gott mit uns. Aus den geheimnisvollen Tiefen der Unendlichkeit, aus der unermeßlichen Weite der Jahrhunderte, kommt unser Schöpfergott zu uns und schenkt uns seinen Sohn. Maria, laß uns aufbrechen und dem Beginn eines neuen Zeitalters entgegeneilen!

Gilbert Bilezikian

Marias Lobgesang

Und Maria sprach:
Meine Seele erhebt den Herrn,
und mein Geist freut sich Gottes, meines Heilandes;
denn er hat die Niedrigkeit seiner Magd angesehen.
Siehe, von nun an werden mich
seligpreisen alle Kindeskinder.
Denn er hat große Dinge an mir getan,
der da mächtig ist und dessen Name heilig ist.
Und seine Barmherzigkeit währt von Geschlecht
zu Geschlecht bei denen, die ihn fürchten.
Er übt Gewalt mit seinem Arm und
zerstreut, die hoffärtig sind in ihres Herzens Sinn.
Er stößt die Gewaltigen vom Thron
und erhebt die Niedrigen.
Die Hungrigen füllt er mit Gütern
und läßt die Reichen leer ausgehen.
Er gedenkt der Barmherzigkeit
und hilft seinem Diener Israel auf,
wie er geredet hat zu unsern Vätern,
Abraham und seinen Kindern in Ewigkeit.

Lukas 1, 46-56

KEIN PLATZ?

Wenn naive Gemüter von Gott reden, stellen sie sich so eine Art Superweihnachtsmann vor, der über allem schwebt. Wenn Philosophen von Gott reden, dann sprechen sie von einem absoluten Seienden, von der ersten Ursache, vom großen X, das hinter allem steht. Wenn Christen von Gott reden, dann reden sie von einem Menschen, der unter uns ist.

Über das absolute Seiende kann man debattieren, aber darüber kann man nicht glücklich werden. Zum Glück brauchen wir uns mit solchem abstrusen Zeug wie dem großen X nicht abzuschinden. Da brauchen wir nicht erst Philosophie zu studieren, um mitreden zu können. Die Mühe nimmt Gott uns ab. Da kommt er uns entgegen, im wahrsten Sinne des Wortes. Es ist überhaupt nicht nötig, daß wir uns eine Vorstellung von Gott machen, denn Gott hat sich nach der Vorankündigung durch die Propheten und Johannes den Täufer zu Weihnachten höchstpersönlich vorgestellt.

Dabei hat es sich herausgestellt, daß er gar nicht der große unbekannte Mister X ist, sondern daß er zum Beispiel einen Namen hat wie andere Leute auch. Jesus heißt er. Denn Gott, der Schöpfer der Welt, der uns in seiner Größe und Ferne unerreichbar und unvorstellbar ist, ist uns zu Weihnachten hautnah auf die Pelle gerückt.

Mehr noch: Er kommt uns unter die Pelle. Er geht uns jetzt buchstäblich unter die Haut: Gott selbst steckt in der Haut eines Menschen. Das ist die ganze Botschaft von Weihnachten: Gott ist Mensch geworden. Mit diesem Satz steht und fällt das ganze Christentum.

Gottes Wahrheit liegt nicht in einer leeren Begriffshülse, sondern in einer Futterkrippe auf einer Handvoll leerem Stroh. Es ist eine Wahrheit, die wirklich Hand und Fuß hat. »Ich«, so hat Jesus später von sich gesagt, »bin die Wahrheit«. Er hat nie ein Buch geschrieben. Er hat nie eine akademische Vorlesung vor Studenten gehalten. Er hat keine philosophische Vereinigung, keine politische Partei gegründet. Er hatte keine Armee, keine Leibgarde, kein Geld. Der Mann, nachh dessen Geburtsjahr wir die Jahre zählen, dem Millionen Menschen folgen und himmlische Wesen dienen, war Zeit seines Lebens ein armer Hund.

Er sagte von sich selbst, daß er nicht mal ein eigenes Bett hatte. Er wurde geboren in einer geborgten Futterkrippe. Er predigte in einem geborgten Boot. Er ritt auf einem geborgten Esel. Er hielt sein letztes Abendmahl in einem geborgten Saal. Er wurde begraben in einem geborgten Grab. Er beanspruchte nichts für sich. Der einzige Raum, den er beansprucht, ist das menschliche Herz. Als seine Mutter Maria in Bethlehem ein Eckchen für ihn suchte, hieß es: »Es ist nichts mehr frei.«

Heute haben immer noch Millionen Menschen keinen Platz für Jesus. Sie ahnen nicht, daß die Lösung seines Wohnungsproblems die Lösung ihres Lebensproblems ist. Hätte Jesus bei ihnen mehr Platz, hätten sie weniger Probleme. Hätten sie für ihn mehr übrig, würden sich viele ihrer Sorgen erübrigen. Die Frage ist: Wieviel Platz hat Jesus in uns? Wir räumen ihm gern ein Plätzchen ein, ein Plätzchen am Rande. Ein Weihnachtsplätzchen. Dazu reicht's allemal. Aber zu mehr eben nicht. Und Jesus will mehr. Er will in unserem Leben nicht in der frommen Ecke stehen, wie ein Feuermelder, der unbeachtet in der Kellerecke hängt und nur benutzt wird, wenn's mal brennt. Nein, er möchte im ganzen Haus wohnen, in allen Räumen, in allen Winkeln. Er möchte überall dabeisein, bei allem, was sich in unserem Leben abspielt. Aber da spielt sich leider bei vielen nichts ab.
Sie haben für ihn eine Krippe, aber kein Heim. Sie geben ihm ein bißchen, aber nicht alles. Dabei kommt alles darauf an, daß wir ihm alles übergeben, alle Schlüssel, ihn ganz in unser Leben hereinlassen. Er soll nicht nur irgendeinen Platz, sondern den ersten Platz in unserem Leben bekommen, die ganze Herrschaft. Damals, in Bethlehem, war kein Platz für Jesus. »Es war kein Platz mehr frei in der Herberge.« Das soll sich in unserem Leben nicht wiederholen! Also: Lassen wir ihn herein!

Ob Jesus in unserem Leben wohnt, das ist die Frage, um die es zu Weihnachten geht. Zu Weihnachten geht es um die Machtfrage: Wer ist bei uns der Herr im Hause? Das Johannesevangelium erzählt die Weihnachtsgeschichte so: »Er kam in sein Eigentum, und die Seinen nahmen ihn nicht auf. Wie viele ihn aber aufnahmen, denen gab er Macht, Gottes Kinder zu werden.«

Theo Lehmann

Und der Himmel begann zu singen

Es war Nacht, und die Herde lag friedlich am Hang,
und die Welt trug ein mondweiches Kleid.
Aber wir hockten hier, und die anderen dort,
und man hörte nur manchmal ein drohendes Wort,
denn grad zwischen uns hockte der Streit.

Keiner wußte mehr, worum man stritt,
und auch ich wußte nur noch: im Recht waren wir.
Und so starrten wir finster die anderen an,
bis auf einmal der Himmel zu singen begann –
und bald klang dieses Lied auch in mir:

Wenn wir Gott in der Höhe ehren, kehrt bei uns hier der Friede ein.
Wenn wir Gott in der Höhe ehren, wird auch Friede auf Erden sein.

Alle rannten den Weg, den der Engel beschrieb:
unser Ärger war halb schon verpufft.
Und dann standen wir rings um das Kind,
und es nahm uns den Atem, wie nahe uns Gott darin kam –
und uns fehlte zum Streiten die Luft.

Wenn wir Gott in der Höhe ehren, kehrt bei uns hier der Friede ein.
Wenn wir Gott in der Höhe ehren, wird auch Friede auf Erden sein.

Und wir rückten zusammen; der Kreis wurde klein
um das Kind, um den Retter der Welt.
Unsre Schultern und Arme berührten sich scheu,
und wir spürten: es wird durch das Kind alles neu.
Und das haben wir jedem erzählt:

Wenn wir Gott in der Höhe ehren, kehrt bei uns hier der Friede ein.
Wenn wir Gott in der Höhe ehren, wird auch Friede auf Erden sein.

So kehrten wir um. Unser Streit blieb im Stall,
und der Friede zog mit uns nach Haus.
»Gott sei Dank!« sagte einer und summte das Lied.
Wie aus einem Mund sangen wir anderen mit,
und es schallte ins Dunkel hinaus:

Wenn wir Gott in der Höhe ehren, kehrt bei uns hier der Friede ein.
Wenn wir Gott in der Höhe ehren, wird auch Friede auf Erden sein.

Manfred Siebald

Das Weihnachtsbäumlein

Es war einmal ein Tännelein
mit braunen Kuchenherzlein
und Glitzergold und Äpflein fein
und vielen bunten Kerzlein:
Das war am Weihnachtsfest so grün,
als fing es eben an zu blühn.

Doch nach nicht gar zu langer Zeit,
da stands im Garten unten,
und seine ganze Herrlichkeit
war, ach, dahingeschwunden.
Die grünen Nadeln war'n verdorrt,
die Herzlein und die Kerzlein fort.

Bis eines Tags der Gärtner kam,
den fror zu Haus im Dunkeln,
und es in seinen Ofen nahm –
hei! tats da sprühn und funkeln!
Und flammte jubelnd himmelwärts
in hundert Flämmlein an Gottes Herz.

Christian Morgenstern

Weihnachten

Markt und Straßen steh'n verlassen,
Still erleuchtet jedes Haus,
Sinnend geh' ich durch die Gassen,
Alles sieht so festlich aus.

An den Fenstern haben Frauen
Buntes Spielzeug fromm geschmückt.
Tausend Kindlein stehn und schauen,
Sind so wunderstill beglückt.

Und ich wandre aus den Mauern
Bis hinaus ins freie Feld.
Hehres Glänzen, heil'ges Schauern!
Wie so weit und still die Welt!

Sterne hoch die Kreise schlingen,
Aus des Schnees Einsamkeit
Steigt's wie wunderbares Singen –
O du gnadenreiche Zeit!

Joseph von Eichendorff

VOM HIMMEL HOCH

2. Euch ist ein Kindlein heut geborn / von einer Jungfrau auserkorn, ein Kindelein so zart und fein, das soll eur Freud und Wonne sein.

3. Es ist der Herr Christ, unser Gott, der will euch führn aus aller Not, er will eur Heiland selber sein, von allen Sünden machen rein.

4. Er bringt euch alle Seligkeit, die Gott der Vater hat bereit', daß ihr mit uns im Himmelreich / sollt leben nun und ewiglich.

5. So merket nun das Zeichen recht: die Krippe, Windelein so schlecht; da findet ihr das Kind gelegt, das alle Welt erhält und trägt.

6. Des laßt uns alle fröhlich sein / und mit den Hirten gehn hinein, zu sehn, was Gott uns hat beschert, mit seinem lieben Sohn verehrt.

7. Merk auf, mein Herz, und sieh dorthin: was liegt doch in dem Krippelein? Wes ist das schöne Kindelein? Es ist das liebe Jesulein.

8. Sei mir willkommen, edler Gast! Den Sünder nicht verschmähet hast / und kommst ins Elend her zu mir; wie soll ich immer danken dir?

9. Ach Herr, du Schöpfer aller Ding, wie bist du worden so gering, daß du da liegst auf dürrem Gras, davon ein Rind und Esel aß!

10. Und wär die Welt vielmal so weit, von Edelstein und Gold bereit', so wär sie doch dir viel zu klein, zu sein ein enges Wiegelein.

11. Der Sammet und die Seiden dein, das ist grob Heu und Windelein, darauf du König groß und reich / herprangst, als wär's dein Himmelreich.

12. Das hat also gefallen dir, die Wahrheit anzuzeigen mir, wie aller Welt Macht, Ehr und Gut / vor dir nichts gilt, nichts hilft noch tut.

13. Ach mein herzliebes Jesulein, mach dir ein rein, sanft Bettelein, zu ruhen in meins Herzens Schrein, daß ich nimmer vergesse dein.

14. Davon ich allzeit fröhlich sei, zu springen, singen immer frei / das rechte Susaninne schön, mit Herzenslust den süßen Ton.

15. Lob, Ehr sei Gott im höchsten Thron, der uns schenkt seinen ein'gen Sohn; des freuen sich der Engel Schar' / und singen uns solch neues Jahr.

Martin Luther

Der besuchte Planet

Es war einmal ein sehr junges Engelchen. Ihm zeigte ein alter, würdiger Engel alle Pracht und Herrlichkeit des göttlichen Universums. Leider müssen wir gestehen, daß der junge Engel dabei müde wurde und sich langweilte. Man zeigte ihm die wirbelnden Milchstraßen, die glühenden Sonnen und die unendlichen Entfernungen in der tödlichen Kälte des Weltalls. Für das Verständnis unseres kleinen Engels war das alles ein bißchen viel. Schließlich führte man ihn auch in die Nähe der Milchstraße, zu der unser Sonnensystem gehört.

Als sich die beiden dem Stern näherten, den wir als unsere Sonne bezeichnen, und den Planeten, die sie umkreisten, deutete der ältere Engel auf einen kleinen, unbedeutenden Himmelskörper, der sich sehr langsam um seine Achse drehte. Er erschien dem kleinen Engel so uninteressant wie ein schmutziger Tennisball im Vergleich zu all der Pracht und Herrlichkeit, die er zuvor gesehen hatte.

»Ich möchte, daß du dir den ganz besonders anschaust«, sagte der ältere Engel und wies mit dem Finger darauf.

»Na ja, er sieht sehr klein und noch dazu ziemlich schmutzig aus«, antwortete der kleine Engel. »Was ist denn so Besonderes an ihm?« »Dieser hier«, erwiderte der Ältere, »ist der Planet, der besucht wurde.«

»Besucht? Du meinst doch nicht etwa besucht von ...?«

»Genau das will ich sagen. Unser junger Prinz der Herrlichkeit besuchte diese kleine Kugel.« Und der ältere Engel verneigte sich ehrfürchtig. »Aber wie denn?« fragte der jüngere. »Du meinst, daß unser großer und herrlicher Prinz mit seiner wunderbaren Schöpfung, die millionenfach größer ist als das, was ich bisher gesehen habe, plötzlich heruntergestiegen ist auf diese kleine Kugel? Warum sollte er so etwas tun?« »Es steht uns nicht zu, Fragen zu stellen«, sagte der Ältere ein wenig steif. »Offensichtlich beeindrucken unseren Herrn, im Gegensatz zu dir, Größe und Zahlen überhaupt nicht. Aus dem gleichen Grund machte es ihm auch nichts aus, so zu werden wie sie. Wie hätte er sie sonst besuchen können?«

Das Gesicht des kleinen Engels zog sich vor lauter Widerwillen in zornige Falten zusammen. »Willst du etwa behaupten, daß er sich so tief erniedrigte, um wie eins dieser kriechenden und krabbelnden Geschöpfe auf diesem treibenden Ball zu werden?« »Ja, das meine ich. Und ich glaube nicht, daß er es richtig fände, wenn du von den kriechenden und krabbelnden Geschöpfen, noch dazu in diesem Tonfall, sprichst. Wenn es uns auch noch so unverständlich vorkommt, er liebt sie. Er ging zu ihnen, um sie zu besuchen und um sie zu sich zu ziehen, damit sie einmal würden wie er.« Der kleine Engel sah ganz verwirrt aus. Diese Vorstellung ging beinahe über seinen Verstand. »Schließ' einen Moment deine Augen«, sagte der Ältere, »wir werden in die Vergangenheit zurückgehen.«

Während der kleine Engel seine Augen zumachte, näherten sie sich dem drehenden Ball. Der hörte plötzlich auf, sich zu drehen, rollte mehrfach in seine ehemalige Position zurück und nahm dann langsam die gewöhnliche Rotation wieder auf.

»Jetzt schau!« Plötzlich erschienen hier und da auf der trüben Oberfläche der Erdkugel kleine Flämmchen. Einige leuchteten nur einen Moment lang. Andere blieben ziemlich lange hell. »Du hast jetzt diese kleine Welt vor dir, wie sie vor einigen 1000 Jahren aussah«, sagte der ältere Engel. »Jede Flamme und jeder Lichtschein, die du erkennen kannst, offenbaren etwas von dem

Wissen und von der Weisheit des Vaters, die in den Köpfen und Herzen der Menschen dieser Erde damals hindurchbrach. Wie du siehst, können nicht viele Menschen seine Stimme hören. Sie verstehen einfach nicht, was er sagt, obwohl er zu ihnen die ganze Zeit liebevoll und geduldig spricht.«

Die Erde fuhr fort, sich um die Sonne zu drehen und zu wenden. Aber plötzlich erschien in der oberen Hälfte der Erdkugel ein kleines Licht. Es war so strahlend hell, daß die beiden Engel ihre Augen schließen mußten.

»Ich denke, ich weiß, was das ist«, sagte der kleine Engel mit leiser Stimme. »Das war der Besuch, nicht wahr?«

»Ja, das war der Besuch. Er, der das Licht ist, kam auf die Erde und lebte mitten unter ihnen. Aber gleich wird das Licht wieder verlöschen.«

»Warum? Konnte er ihre Dunkelheit und Dummheit nicht ertragen? Mußte er wieder zurückkehren?«

»Nein, das war es nicht«, erwiderte der ältere Engel. Seine Stimme klang ernst und traurig. »Sie waren nicht dazu fähig, ihn als den zu erkennen, der er war. Nur wenige sahen ihn. Die meisten zogen ihre Dunkelheit seinem Licht vor. Und zum Schluß töteten sie ihn.«

»Diese Narren, diese verrückten Narren. Sie verdienen es nicht...«

»Weder du noch ich noch irgendein anderer Engel weiß, warum sie so töricht und so gottlos waren. Aber wir haben kein Recht zu sagen, was sie verdienen und was sie nicht verdienen. Nur die Tatsache bleibt bestehen, daß sie unseren Prinzen der Herrlichkeit töteten, während er bei ihnen war als Mensch.« »Und das, nehme ich an, war das Ende? Ich sehe, die ganze Erde ist schwarz und dunkel geworden.«

»Warte nur, noch sind wir weit entfernt vom Ende der Geschichte des Planeten, der besucht wurde. Paß jetzt auf! Aber sei vorsichtig und bedecke wieder deine Augen.«

Über und über schwarz vor Dunkelheit drehte sich die Erde dreimal herum. Und dann flammte mit unerträglichem Glanz ein Licht auf.

»Was ist das?« fragte der kleine Engel und schützte seine Augen.
»Sie töteten ihn, aber er überwand den Tod. Der Tod ist es, vor dem sich die meisten ihr Leben lang fürchten. Er hat ihn überwunden und zunichte gemacht. Und er stand wieder auf von den Toten, und einige sahen ihn. Von diesem Augenblick an stellten sie sich mit ihrem ganzen Leben ihm völlig zur Verfügung.«
»Danken wir dem Herrn dafür«, sagte der kleine Engel.
»Amen. Öffne deine Augen, der grelle Schein ist verschwunden. Der Prinz ist zurückgekehrt in seine Wohnung des Lichts. Aber jetzt schau auf die Erde.«
Während sie hinabsahen, begann anstelle des grellen durchdringenden Lichtes ein heller Schein zu leuchten, der heftig flackerte. Und als sich die Erde wieder viele Male gedreht hatte, breiteten sich kleine Lichtpunkte aus. Einige leuchteten auf und erstarben. Aber die meisten von ihnen brannten stetig. Und während sie noch hinschauten, sahen sie über vielen Bereichen der Erdkugel einen hellen Schein.
»Siehst du, was da passiert ist?« fragte der ältere Engel. »Der helle Schein geht von den treuen und aufrechten Menschen aus, die er zurückließ. Mit seiner Hilfe geben sie das Licht weiter, und inzwischen leuchten die Lichter überall auf der ganzen Erde.«
»Ja, ja«, sagte der kleine Engel ungeduldig, »aber wie soll das enden? Werden sich die kleinen Lichter miteinander verbinden? Wird einmal alles nur Licht sein, so wie es im Himmel ist?«
Der Ältere schüttelte den Kopf. »Wir wissen es nicht«, erwiderte er. »Das ist verschlossen in der Weisheit unseres himmlischen Vaters. Manchmal ist es geradezu eine Qual, auf die Erde zu sehen. Aber manchmal packt uns unaussprechliche Freude. Das Ende ist noch nicht gekommen. Aber jetzt weiß ich, daß du verstehst, warum dieser kleine Ball so wichtig ist. Er hat ihn besucht. Er handelt mit den Menschen dieser Erde nach seinem Plan.«

J. B. Phillips

JESU GEBURT

Es begab sich aber zu der Zeit, daß ein Gebot von dem Kaiser Augustus ausging, daß alle Welt geschätzt würde. Und diese Schätzung war die allererste und geschah zur Zeit, da Quirinius Statthalter in Syrien war. Und jedermann ging, daß er sich schätzen ließe, ein jeder in seine Stadt.
Da machte sich auf auch Josef von Galiläa, aus der Stadt Nazareth, in das jüdische Land zur Stadt Davids, die da heißt Bethlehem, weil er aus dem Hause und Geschlechte Davids war, damit er sich schätzen ließe mit Maria, seinem vertrauten Weibe; die war schwanger.
Und als sie dort waren, kam die Zeit, daß sie gebären sollte.
Und sie gebar ihren ersten Sohn und wickelte ihn in Windeln und legte ihn in eine Krippe; denn sie hatten sonst keinen Raum in der Herberge.
Und es waren Hirten in derselben Gegend auf dem Felde bei den Hürden, die hüteten des Nachts ihre Herde.
Und der Engel des Herrn trat zu ihnen, und die Klarheit des Herrn leuchtete um sie; und sie fürchteten sich sehr.
Und der Engel sprach zu ihnen: Fürchtet euch nicht! Siehe, ich verkündige euch große Freude, die allem Volk widerfahren wird; denn euch ist heute der Heiland geboren, welcher ist Christus, der Herr, in der Stadt Davids.
Und das habt zum Zeichen: ihr werdet finden das Kind in Windeln gewickelt und in einer Krippe liegen.
Und alsbald war da bei dem Engel die Menge der himmlischen Heerscharen, die lobten Gott und sprachen: Ehre sei Gott in der Höhe und Friede auf Erden bei den Menschen seines Wohlgefallens.
Und als die Engel von ihnen gen Himmel fuhren, sprachen die Hirten untereinander: Laßt uns nun gehen nach Bethlehem und die Geschichte sehen, die da geschehen ist, die uns der Herr kundgetan hat.
Und sie kamen eilend und fanden beide, Maria und Josef, dazu das Kind in der Krippe liegen.
Als sie es aber gesehen hatten, breiteten sie das Wort aus, das zu ihnen von diesem Kinde gesagt war.
Und alle, vor die es kam, wunderten sich über das, was ihnen die Hirten gesagt hatten.
Maria aber behielt alle diese Worte und bewegte sie in ihrem Herzen.
Und die Hirten kehrten wieder um, priesen und lobten Gott für alles, was sie gehört und gesehen hatten, wie denn zu ihnen gesagt war.
Und als acht Tage um waren und man das Kind beschneiden mußte, gab man ihm den Namen Jesus, wie er genannt war von dem Engel, ehe er im Mutterleib empfangen war.

Lukas 2, 1–21

SIMEON
– ER WARTETE EIN LEBEN LANG

Als zwei Menschen das erste Weihnachtsgeschenk überreichten, bemerkte das kaum einer. Sie hatten es mit in den Tempel genommen, aber dort wurden sie fast erdrückt von der geschäftigen Menge. Nur einer erkannte den Wert des Geschenkes und streckte sehnsüchtig die Hände danach aus. Behutsam nahm er es in seine Arme und hob es hoch. Dabei standen Tränen in seinen Augen. Was war es? Was hielt er in den Händen? Einen Säugling, kaum 40 Tage alt.

Auf diesen Tag hatte Simeon ein Leben lang gewartet. »Der Heilige Geist hatte ihm offenbart, er würde den Tod nicht sehen, bevor er nicht den Gesalbten des Herrn gesehen habe« (Luk. 2,26). Wie die meisten frommen Juden glaubte er an die Verheißung Gottes, daß einmal der Messias, der Erlöser des Volkes Israel, kommen würde. Die schwierige politische Lage seines Volkes hatte diese Sehnsucht noch gesteigert. Israel befand sich jedoch auch in einer geistlichen Krise. Einerseits verkündigten die Pharisäer mit ihren harten Gesetzen einen strengen und unversöhnlichen Gott, andererseits behaupteten die Sadduzäer, der Glaube an Wunder, Engel und die Auferstehung seien Märchen. Auch innerhalb des jüdischen Volkes kam es ständig zu Spannungen. Gruppen von Aufständischen hatten sich gebildet, die sich gegen die römische Herrschaft auflehnten. Bei der geringsten Provokation floß Blut.

Der König Herodes ließ 45 Mitglieder aus der Führungsschicht hinrichten, als er in Judäa die Macht übernahm. Und blind vor Mißtrauen und Eifersucht tötete er eine seiner zehn Frauen und drei seiner Söhne, dazu noch mehrere Verwandte. Als ihm die Weisen aus dem Morgenland von der Geburt des Jesuskindes berichteten, ließ er sofort alle erstgeborenen männlichen Kinder in Bethlehem töten.

Die mächtigen Römer führten ein unbarmherziges und oft grausames Regiment. Zum Beispiel stahl der Statthalter Pilatus Tempelgelder und ließ während eines Gottesdienstes eine Anzahl Juden, die dort opferten, umbringen (Luk. 13, 1).

Auch die soziale Situation war für das Volk Israel nicht einfach. Es gab viele Arbeitslose. Neben Blinden und Krüppeln säumten auch zahllose hungrige Bettler die Straßen. Die Verbrechen nahmen zu. Jugendliche hatten sich zu gefährlichen Banden zusammengeschlossen. Einige von ihnen, sogenannte

Zeloten (römerfeindliche jüdische Fanatiker), versuchten, die Regierung gewaltsam zu stürzen.

Simeon wußte, was um ihn geschah. Aber das nahm ihm nicht den festen Glauben an die Verheißung Gottes: Einmal würde der kommen, den die Propheten vorausgesagt hatten, der Gesalbte. Und er würde Hoffnung und Erlösung bringen.

Vor Jahrhunderten war die Verheißung Jakob gegeben worden, als er auf dem Sterbebett lag. Er wiederum hatte seinem Sohn Juda davon erzählt: Einmal würde einer seiner Nachkommen ein König sein mit unvergleichlicher Macht, und die Menschen würden ihm nachfolgen (1. Mose 49,10). Simeon wußte, daß diese Prophezeiung auch in anderen Büchern des Alten Testaments bestätigt wurde – in den Psalmen, im Buch Samuel, in Maleachi, Jesaja, Daniel, Micha und anderen.

Trotzdem war es nicht leicht für ihn, an dieser Hoffnung festzuhalten. Schließlich war in Israel seit 500 Jahren kein König mehr aus der Linie Davids auf dem Thron. Und immer noch wartete das Volk auf den Messias.

Als Simeon Maria und Josef im Tempel sah, zeigte ihm der Heilige Geist, um was für ein Kind es sich handelte, das sie in ihren Armen hielten. Als Simeon es der Mutter abnahm und entzückt betrachtete, hofften zugleich Tausende von gläubigen Juden, der Messias würde jeden Augenblick kommen. Aber keiner von ihnen hätte sich vorstellen können, daß er gerade in diesem Augenblick in den Armen eines alten Mannes in Jerusalem lag.

Es waren schon viele gekommen mit dem Anspruch, sie seien die Gesalbten Gottes. Doch Simeon hatte sich nicht täuschen lassen. Er wußte, daß es nur einen Messias geben konnte, und er vertraute, der Heilige Geist würde ihm im richtigen Augenblick die Augen für den Sohn Gottes öffnen.

Im jüdischen Volk gab es zwei unterschiedliche Messiasvorstellungen. Die einen meinten, er käme hoch zu Roß durch die Straßen von Jerusalem mit einer Schar von Anhängern, würde den Römern den Kampf ansagen und sie zum Abzug bewegen. 700 Jahre lang war Israel herumgestoßen worden durch Assyrer, Babylonier, Perser, Griechen und nun auch Römer. So war es verständlich, daß viele sich einen starken Messias mit einem kämpferischen Arm wünschten.

Simeon war jedoch ein Vertreter der anderen Richtung. Still und geduldig wartete er auf einen Messias, dessen Lehre die Herzen der Menschen verändern würde. Als er nun im Tempel Maria und Josef sah mit dem neugeborenen Kind, sagte er zu ihnen, jetzt könne er die Augen schließen, denn nun hätte er seinen Heiland gesehen. Maria und Josef waren zutiefst erstaunt. Trotz der ungewöhnlichen Umstände, unter denen das Kind empfangen und geboren wurde, konnten sie die Reaktion des alten Simeon kaum verstehen. Zu neu war alles, was sie bisher mit dem kleinen Kind erlebt hatten.

Bis zum heutigen Tag schauen Christen in aller Welt zurück nach Jerusalem und erinnern sich an das erste Weihnachtsgeschenk – Jesus –, das ein alter Mann zuerst gesehen und erkannt hatte.

Im Laufe der Jahrhunderte wurde das Weihnachtsfest auf verschiedene Weise gefeiert. Während der puritanischen Ära im 16. Jahrhundert hatte man sogar eine Art Karnevalsveranstaltung daraus gemacht, gegen die das Parlament mit Gesetzen Einspruch erheben mußte. – Oder denken wir an George Washington: Er überquerte am 26. Dezember den Delaware, weil er wußte, daß die britischen Truppen ihren Weihnachtsrausch ausschliefen.

Jahrhundertelang gehen die Menschen jedes Jahr wieder den Weg zur Krippe zurück – mit Weihnachtskarten, Geschenken und festlichen Begegnungen. Sie möchten dabei sein, wenn Simeon das Kind auf die Arme nimmt und hochhebt.

Jesus, der Messias, ist zu uns Menschen gekommen. In ihm hat sich uns Gott offenbart und den Weg zur Erlösung aller Menschen gezeigt. Von nun an darf sich jeder aufmachen und nach Bethlehem gehen zu dem Kind – der einzigen Hoffnung in dieser Welt.

William Coleman

DIE WEISEN AUS

Als Jesus geboren war in Bethlehem in Judäa zur Zeit des Königs Herodes, siehe, da kamen Weise aus dem Morgenland nach Jerusalem und sprachen:
Wo ist der neugeborene König der Juden? Wir haben seinen Stern gesehen im Morgenland und sind gekommen, ihn anzubeten.
Als das der König Herodes hörte, erschrak er und mit ihm ganz Jerusalem, und er ließ zusammenkommen alle Hohenpriester und Schriftgelehrten des Volkes und erforschte von ihnen, wo der Christus geboren werden sollte.
Und sie sagten ihm: In Bethlehem in Judäa; denn so steht geschrieben durch den Propheten (Micha 5,1):
»Und du, Bethlehem im jüdischen Lande, bist keineswegs die kleinste unter den Städten in Juda; denn aus dir wird kommen der Fürst, der mein Volk Israel weiden soll.«
Da rief Herodes die Weisen heimlich zu sich und erkundete genau von ihnen, wann der Stern erschienen wäre, und schickte sie nach Bethlehem und sprach: Zieht hin und forscht fleißig nach dem Kindlein; und wenn ihr's findet, so sagt mir's wieder, daß auch ich komme und es anbete.

em Morgenland

Als sie nun den König gehört hatten, zogen sie hin. Und siehe, der Stern, den sie im Morgenland gesehen hatten, ging vor ihnen her, bis er über dem Ort stand, wo das Kindlein war.
Als sie den Stern sahen, wurden sie hoch erfreut und gingen in das Haus und fanden das Kindlein mit Maria, seiner Mutter, und fielen nieder und beteten es an und taten ihre Schätze auf und schenkten ihm Gold, Weihrauch und Myrrhe.

Und Gott befahl ihnen im Traum, nicht wieder zu Herodes zurückzukehren; und sie zogen auf einem andern Weg wieder in ihr Land.

Matthäus 2, 1–12

Der vierte Weise

Eine alte Legende berichtet, daß damals, als der Stern von Bethlehem aufging, nicht nur drei Weise sein Licht sahen und sich aufmachten, den neugeborenen König zu suchen. Es gab noch einen vierten, einen weisen Magier mit Namen Artaban. Er hatte mit seinen drei Freunden lange auf den König der Wahrheit, der von Gott kommen sollte, gewartet. Als er nun seinen Stern sah, beschloß er, gemeinsam mit den anderen Weisen das göttliche Kind zu suchen. Artaban war nicht reich und sein Besitz nur klein. Um dem König kostbare Geschenke bringen zu können, verkaufte er alles, was er hatte, sein Land, sein Haus und die wenigen Schätze, die er ererbt hatte, und erwarb dafür drei kostbare Edelsteine: einen Saphir, einen Rubin und eine Perle. Dann brach er auf, um sich mit seinen Gefährten zu treffen. Den ganzen Tag war er unterwegs, in großer Eile ritt er, um die Zeit nicht zu versäumen.

Am Abend, als er durch eine einsame Gegend kam, scheute plötzlich sein Pferd. Am Wege lag ein Mann, halbtot, von Räubern überfallen und beraubt. Artaban stieg ab, gab dem Mann zu trinken und zu essen, verband seine Wunden und führte ihn in die nächste Herberge. Inzwischen war es Nacht geworden, und der wunderbare Stern ging am Himmel auf. Artaban dachte an das Ziel seiner Reise und machte sich bereit, weiterzuziehen. Als er nun dem Geretteten Lebewohl sagen wollte, brachte er es nicht übers Herz, den Mann krank und ohne Geld zurückzulassen. Er zog den kostbaren Saphir hervor. »Nimm ihn«, sagte er, »verkaufe ihn, laß dich gesund pflegen und ersetze dir alles, was dir genommen wurde!« Dann machte er sich auf den Weg, die Freunde zu treffen.

Aber es war zu spät. An dem Treffpunkt angekommen, mußte Artaban feststellen, daß die Gefährten schon fort waren. Ratlos war er, tief enttäuscht. Da erblickte er in der Morgendämmerung wieder den Stern am Himmel. Freundlich und tröstlich leuchtete sein Licht wie ein Zeichen der Hoffnung. »Ich werde allein nach Judäa ziehen und nach dem göttlichen Kinde suchen«, sprach er zu sich selbst. »Der Stern wird mich führen.« Und er machte sich auf den Weg.

Einige Tage, nachdem seine drei Freunde Bethlehem erreicht und dem Jesuskind ihre Gaben gebracht hatten, kam auch Artaban in dem Städtchen an. Immer noch stand der Stern am Himmel, aber in Bethlehem herrschte Angst und Not. Aus vielen Häusern drang Weinen und Totenklage. Soldaten des Königs Herodes durchstreiften die Straßen und durchsuchten die Häuser. Vorsichtig klopfte Artaban an eine Hütte am Stadtrand. Ein Mann öffnete das Tor einen Spaltbreit und blickte den Fremden fragend an. Hinter ihm sah man eine Frau über eine Wiege gebeugt. Artaban fragte nach seinen Freunden. Er wollte hören, in welches Haus der Stern sie gewiesen hatte und wo es ein neugeborenes Kind gab, dem drei Männer aus dem Morgenland gehuldigt hatten.

Ängstlich gab man ihm Auskunft. Ja, drei vornehme Fremde seien dagewesen. Im Stall bei der Herberge seien sie eingekehrt, dort, wo der Mann aus Nazareth mit seiner Frau und seinem neugeborenen Sohn gewohnt habe. Sie seien aber sehr plötzlich wieder abgereist. Und am nächsten Morgen sei auch die Familie aus Nazareth verschwunden gewesen. Nach Ägypten, erzählte man sich heimlich, geflohen vor den Schergen des Königs, der alle kleinen Kinder ermorden lasse. Schaudernd erfuhr Artaban, was in Bethlehem geschah, was die Ursache des Klagens und Weinens in der Stadt war. Als er noch stand und überlegte, was er tun solle, erklangen plötzlich Stimmen und Geschrei und das Klirren von Waffen. Die Frau in der Stube riß entsetzt das jüngste Kind aus der Wiege und verbarg sich mit ihm in der dunkelsten Ecke. Da dröhnten auch schon gebieterische Schläge an das Tor. Schnell trat Artaban dem Hauptmann entgegen, der sich mit gezücktem Schwert Einlaß erzwingen wollte. In seiner Hand leuchtete der Rubin. »Diesen Stein gebe ich dir«, sagte Artaban mit leiser, aber fester Stimme, »wenn du mich und dieses Haus in Frieden läßt!« Einen Augenblick lang schwieg der Offizier. Dann nahm er langsam den Stein aus der Hand des Weisen. »Verschwindet«, rief er seinen Leuten zu, »hier gibt es keine Kinder.« Die Soldaten zogen sich zurück, und der Lärm verebbte. Artaban sah auf das Kind, das er gerettet hatte. »König der Wahrheit«, sprach er leise, »werde ich dich je finden? Zwei meiner Opfergaben habe ich weggegeben. Wie soll ich dich erkennen? Werde ich es noch erleben, daß ich dein Angesicht sehe?« Doch dann blickte er zum Himmel auf, und wieder glänzte der Stern wie ein Zeichen der Hoffnung und Verheißung. Getröstet schlief

er an diesem Abend ein und machte sich am nächsten Morgen mit neuer Kraft auf den Weg. Lange reiste er und kam durch viele Länder und Städte. Aus Judäa zog er nach Ägypten und wieder zurück, durch die Wüste und durch fruchtbares Land. Nirgends fand er eine Spur des Königs, dessen Geburt der Stern angekündigt hatte. Aber immer wieder traf er auf Menschen, die seine Hilfe brauchten. Da waren Kranke, die er heilen konnte, Traurige, denen er beistand. Wo das Elend groß war, da kehrte er ein und half, so gut er es vermochte.
So vergingen Jahre. Artaban zog als Pilger durch das Land, getrieben von der Not der Menschen und immer noch auf der Suche nach dem König, den der Stern verheißen hatte. Er wurde alt und müde, aber er suchte weiter.
Dreiunddreißig Jahre waren vergangen, seitdem Artaban den Stern zum ersten Mal gesehen hatte. Wieder einmal kam er nach Jerusalem. Es war zum Passafest, und ein Strom von Fremden wälzte sich durch die Straßen. Die Menschen waren in seltsamer Erregung, überall hörte man das Schreien und Rufen: »Hinweg mit ihm! Ans Kreuz mit dem Lästerer!« Artaban stand nahe beim Königspalast an eine Säule gelehnt. Zu Tode erschöpft ließ er die Menschenmenge an sich vorüberziehen. Schließlich fragte er einen Vorübergehenden nach der Ursache des Tumultes. Der Mann antwortete hastig: »Wir gehen hinaus zur Hinrichtungsstätte vor den Toren. Drei Männer werden dort gekreuzigt. Der eine ist Jesus von Nazareth, der der König der Juden sein wollte!« »Ja«, rief ein anderer höhnisch dazwischen, »so vielen Menschen hat er geholfen, aber sich selbst kann er nicht helfen!« Da ging es dem alten Weisen durchs Herz. König der Juden? Jesus von Nazareth, der vielen Menschen geholfen hatte? Es war ihm, als sähe er wieder den Stern vor sich, wie damals, als er zu seiner Wanderung aufgebrochen war. Hatte er nun den König gefunden?
Plötzlich schrak er zusammen. Vom Palast des römischen Statthalters näherte sich ein Trupp Soldaten, von einem Centurio geführt. Langsam, widerwillig wichen die Menschen zur Seite, und dicht an Artaban vorbei zogen die Römer. In ihrer Mitte führten sie die drei Verurteilten, die hinter den Helmen, Schilden und Spießen ihrer Bewacher kaum sichtbar wurden. Artaban versuchte, die Gesichter der Männer zu erkennen, doch die johlende Menschenmenge bedrängte ihn, so daß er sich kaum auf den Beinen halten konnte. Nur einen kurzen Augenblick, bevor er zur Seite geschoben wurde, sah er zwischen

den Soldaten die Gestalt eines der Verurteilten. Er trug eine Krone aus Dornengerank auf dem Kopf, und es schien Artaban, als schaue dieser Mann ihm gerade in die Augen. Dieser Blick traf ihn bis ins Innerste. Ganz sicher wußte er plötzlich, daß er am Ziel war. Er fühlte es: Diesen hat der Stern angekündigt! Er ist der von Gott gesandte Retter.

Die Soldaten waren weitergezogen und der Mann mit der Dornenkrone nicht mehr sichtbar. Verzweifelt überlegte Artaban: War es zu spät? War er am Ende seines Lebens nach Jerusalem gekommen, um den lang Gesuchten am Kreuz zu finden? Aber vielleicht, so ging es ihm durch den Sinn, könnte er den Todgeweihten retten, ihn freikaufen, könnte seinen letzten Schatz, die Perle, für ihn geben, damit man ihn losließ? Hoffnung erfüllte ihn von neuem, und er schloß sich der Menge an. Mühsam nur kam er vorwärts.

Schon waren die meisten zur Stadt hinausgeströmt, da kam ihm am Tor ein Trupp Soldaten entgegen, die ein junges Mädchen gefangen führten. Voller Mitleid blieb der alte Mann stehen. Wieder hielt ihn die Not eines Menschen zurück. »Was ist mit dir, meine Tochter«, fragte er das Mädchen, »warum führen diese Männer dich fort?« Verzweifelt weinend antwortete die Gefangene: »Ach, ich bin verloren, guter Mann. Diese führen mich in die Sklaverei, weil ich die hinterlassenen Schulden meines Vaters nicht bezahlen kann.« Erschüttert stand der Alte da. Was sollte er tun? Schon wollte er sich abwenden, um seinen Weg fortzusetzen, da war ihm, als werde sein Fuß von unsichtbarer Gewalt festgehalten. Er zog die Perle aus dem Gürtel und legte sie in die Hand des Mädchens. »Nimm sie zum Lösegeld«, sagte er, »und mögest du glücklich leben!« Und er wandte sich mit langsamen, schleppenden Schritten zurück in die Stadt und irrte durch die Straßen.

Auf einmal geschah ein langandauerndes dumpfes Grollen, und die Erde erbebte. Der Himmel, von Wolken verdunkelt, riß auf, und blendendes Sonnenlicht brach hervor. Artaban sank zu Boden, erschöpft und am Ende seiner Kräfte. Doch bevor ihm die Sinne vergingen, war ihm, als hörte er eine Stimme, die sagte: »Was du getan hast einem meiner geringsten Brüder, das hast du mir getan.« Er sah vor sich wieder das Gesicht des Mannes mit der Dornenkrone. Da wußte Artaban, daß seine Gaben nicht umsonst gewesen waren. Der vierte Weise aus dem Morgenland hatte den König der Wahrheit gefunden.

Nacherzählt von Karin Bachmayer

2. Da ich noch nicht geboren war / da bist du mir geboren / und hast mich dir zu eigen gar / eh ich dich kannt, erkoren. Eh ich durch deine Hand gemacht / da hast du schon bei dir bedacht / wie du mein wolltest werden.

3. Ich lag in tiefster Todesnacht / du warest meine Sonne / die Sonne, die mir zugebracht / Licht, Leben, Freud und Wonne. O Sonne, die das werte Licht / des Glaubens in mir zugericht' / wie schön sind deine Strahlen!

4. Ich sehe dich mit Freuden an / und kann mich nicht satt sehen / und weil ich nun nichts weiter kann / bleib ich anbetend stehen. O daß mein Sinn ein Abgrund wär / und meine Seel ein weites Meer / daß ich dich möchte fassen!

5. Wann oft mein Herz vor Kummer weint / und keinen Trost kann finden / rufst du mir zu: »Ich bin dein Freund, ein Tilger deiner Sünden. Was trauerst du, o Bruder mein? Du sollst ja guter Dinge sein / ich sühne deine Schulden.«

6. O daß doch so ein lieber Stern / soll in der Krippen liegen! Für edle Kinder großer Herrn / gehören güldne Wiegen! Ach, Heu und Stroh ist viel zu schlecht / Samt, Seide, Purpur wären recht / dies Kindlein drauf zu legen!

Paul Gerhardt

Auf der Flucht

Der Engel in der Nacht spricht:
Steh auf, Josef, geh fort, Josef, halte dich nicht auf.
Wohin?
Dorthin, wo dich niemand kennt,
dorthin, wo dir niemand helfen wird.
Warum?
Keine Zeit ist für eine Antwort. Das Kind ist in Gefahr.
Du mußt es tun.
Wecke Maria, packe ein paar Kleider zusammen
und nimm das Kind.
Das Handwerkszeug?
Nimm deine Hände mit und deinen Verstand
und was ihr zu essen habt im Hause,
mehr nicht.

Sage dem Nachbarn nicht adieu.
Wenn das Kind schreit, halte ihm den Mund zu.
Dem Esel umwickle die Hufe.
Wenn einer fragt, wohin in der Nacht, schweig.
Es ist für das Kind.
Schnell, Josef, ihr müßt fort. Sieh dich nicht um.
Und Josef spricht in der Nacht: Ich geh ja schon, Engel.
Ich tue, was du sagst, ich habe es immer getan.
Nur verlange nicht, daß ich verstehe:
Gott in diesem Kind, Gott in diesem Elend,
Gott in dieser armseligen Hütte,
Gott in diesen schwachen Händen –
ohne Dach über dem Kopf, auf der Flucht.
Verlange nicht, daß ich es verstehe.

Kurtmartin Magiera

Die Flucht ward nicht das Letzte –
Ägypten nicht das Ende.

Denn über diesem Kinde
hielt Gott seine Hände.

Erfüllet ward die Schrift,
die niemals sich geirrt.

Gerettet ist das Kind,
das uns zum Retter wird.

Bärbel Raichle

O DU FRÖHLICHE

O du fröhliche, o du selige,
gnadenbringende Weihnachtszeit!
Christ ist erschienen,
uns zu versühnen.
Freue, freue dich, o Christenheit!

O du fröhliche, o du selige,
gnadenbringende Weihnachtszeit!
Himmlische Heere
jauchzen dir Ehre.
Freue, freue dich, o Christenheit!

Du kamst,
du kommst.
Wir sind ganz wach,
wo du dich zeigst
in unserer Nacht;
daß du dich zeigst
in unserer Welt,
gibt Hoffnung,
die den Weg erhellt.
Du kamst, du kommst.

Johannes Kuhn

Käme er heute und machte es wie damals – sähe es so aus?

In den Slums von East Harlem –
Maria eine Neger-Mammie.
Josef heißt Salvatore.
Im Zelt der Besitzlosen jenseits des Jordans
Gott, Bruder der Armen.

Elf Quadratmeter für Jesusmariaundjosef
im siebenstöckigen Hochhaus
von Wang Tai Sin –
siebentausend Nachbarn sind Hirten unterm
gleichen Dach.

Mietpartei irgendwo im Revier:
ach so, nur ein Zimmermann!
In einer Vorstadtbaracke, im Gleisdreieck,
in der Kolonie Rote Erde.

Längst ist vergessen:
Auch in Bethlehem gab's Wohnzimmer,
reichgedeckte Tische und Marmor.
Käme er heute und machte es wie damals –
wie sähe es aus?

Kurtmartin Magiera

Diese Weihnachtsgeschichte erzählt, wie sich am Heiligen Abend »Weihnachtsgegner« in einer Kneipe in Chicago treffen. Um keine sentimentalen Gefühle aufkommen zu lassen, machen sie sich gegenseitig boshafte Geschenke. Aber dann geschieht etwas, womit keiner gerechnet hat…

DAS PAKET DES LIEBEN GOTTES

Die Veranstaltung nahm einen direkt bösartigen Charakter an. Ich denke, es war der Zwang, sich beschenken lassen zu müssen, der alle so aufreizte. Die Spender dieser Weihnachtsstimmung wurden nicht mit freundlichen Augen betrachtet. Schon nach den ersten Gläsern des gestifteten Whiskys wurde der Plan gefaßt, eine regelrechte Weihnachtsbescherung, sozusagen ein Unternehmen größeren Stils, vorzunehmen.

Da ein Überfluß an Geschenkartikeln nicht vorhanden war, wollte man sich weniger an direkt wertvolle und mehr an solche Geschenke halten, die für die zu Beschenkenden passend waren und vielleicht sogar einer tieferen Sinn hatten.

So schenkten wir dem Wirt einen Kübel mit schmutzigem Schneewasser von draußen, wo es davon gerade genug gab, damit er mit seinem alten Whisky noch ins neue Jahr ausreichte. Dem Kellner schenkten wir eine alte, zerbrochene Konservenbüchse, damit er wenigstens ein anständiges Servicestück hätte, und einem zum Lokal gehörigen Mädchen ein schartiges Taschenmesser, damit sie wenigstens die Schicht Puder vom vergangenen Jahr abkratzen könnte.

Alle diese Geschenke wurden von den Anwesenden, vielleicht nur die Beschenkten ausgenommen, mit herausforderndem Beifall bedacht. Und dann kam der Hauptspaß.

Es war nämlich unter uns ein Mann, der mußte einen schwachen Punkt haben. Er saß jeden Abend da, und Leute, die sich auf dergleichen verstanden, glaubten, mit Sicherheit behaupten zu können, daß er, so gleichgültig er sich auch geben mochte, eine gewisse, unüberwindliche Scheu vor allem, was mit der Polizei zusammenhing, haben mußte. Aber jeder Mensch konnte sehen, daß er in keiner guten Haut steckte.

Für diesen Mann dachten wir uns etwas ganz Besonderes aus. Aus einem alten Adreßbuch rissen wir mit Erlaubnis des Wirtes drei Seiten aus, auf denen lauter Polizeiwachen standen, schlugen sie sorgfältig in eine Zeitung und überreichten das Paket unserem Mann.

Es trat eine große Stille ein, als wir es überreichten. Der Mann nahm das Paket zögernd in die Hand und sah uns mit einem etwas kalkigen Lächeln von unten herauf an. Ich merkte, wie er mit den Fingern das Paket abfühlte, um schon vor dem Öffnen festzustellen, was darin sein könnte. Aber dann machte er es rasch auf.

Und nun geschah etwas sehr Merkwürdiges. Der Mann nestelte eben an der Schnur, mit der das »Geschenk« verschnürt war, als sein Blick, scheinbar abwesend, auf das Zeitungsblatt fiel, in das die interessanten Adreßbuchblätter geschlagen waren. Aber da war sein Blick schon nicht mehr abwesend. Sein ganzer dünner Körper (er war sehr lang) krümmte sich sozusagen um das Zeitungsblatt zusammen, er bückte sein Gesicht tief darauf herunter und las. Niemals, weder vor- noch nachher, habe ich je einen Menschen so lesen sehen. Er verschlang das, was er las, einfach. Und dann schaute er auf. Und wieder habe ich niemals, weder vor- noch nachher, einen Mann so strahlend schauen sehen wie diesen Mann. »Da lese ich eben in der Zeitung«, sagte er mit einer verrosteten, mühsam ruhigen Stimme, die in lächerlichem Gegensatz zu seinem strahlenden Gesicht stand, »daß die ganze Sache einfach schon lange aufgeklärt ist. Jedermann in Ohio weiß, daß ich mit der ganzen Sache nicht das Geringste zu tun hatte.« Und dann lachte er. Und wir alle, die erstaunt dabeistanden und etwas ganz anderes erwartet hatten und fast nur begriffen, daß der Mann unter irgendeiner Beschuldigung gestanden und inzwischen, wie er eben aus diesem Zeitungsblatt erfahren hatte, rehabilitiert worden war, fingen plötzlich an, aus vollem Halse und fast aus dem Herzen mitzulachen, und dadurch kam ein großer Schwung in unsere Veranstaltung, die gewisse Bitterkeit war überhaupt vergessen, und es wurde ein ausgezeichnetes Weihnachten, das bis zum Morgen dauerte und alle befriedigte. Und bei dieser allgemeinen Befriedigung spielte es natürlich gar keine Rolle mehr, daß dieses Zeitungsblatt nicht wir ausgesucht hatten, sondern Gott.

Bertolt Brecht

Ich bin das Licht der Welt.
Wer mir nachfolgt,
der wird nicht wandeln in der Finsternis,
sondern wird das Licht
des Lebens haben.

Johannes 8, 12

Textnachweis:

Gilbert Bilezikian, Maria und Josef, S. 5 ff, mit freundlicher Genehmigung des Autors.
Theo Lehmann, Kein Platz, S. 12 f, mit freundlicher Genehmigung des Autors.
Manfred Siebald, Und der Himmel begann zu singen, S. 15 u. a. in: Frohes Fest, Hänssler-Verlag, Neuhausen/Stuttgart 1988.
Joseph von Eichendorff, Weihnachten, S. 17.
Christian Morgenstern, Das Weihnachtsbäumlein, S. 16.
Martin Luther, Vom Himmel hoch, S. 18 f.
J. B. Phillips, Der besuchte Planet, S. 20 ff, mit freundlicher Genehmigung des Autors.
William Coleman, Simeon - Er wartete ein Leben lang, S. 26 f, mit freundlicher Genehmigung des Autors.
Karin Bachmeyer, Der vierte Weise, S. 30 ff.
Paul Gerhardt, Ich steh an deiner Krippe hier, S. 35.
Kurtmartin Magiera, Auf der Flucht, S. 37, mit freundlicher Genehmigung des Autors.
Kurtmartin Magiera, Käme er heute, S. 41.
Bärbel Raichle, Die Flucht ward nicht das Letzte, S. 37, in: Frohes Fest, Hänssler-Verlag, Neuhausen/Stuttgart 1988.
Johannes Kuhn, Du kamst, S. 40.
Bertolt Brecht, Das Paket des lieben Gottes, S. 42 f.
Die Bibeltexte wurden entnommen aus Luther 84.

Bildnachweis:

Arnold S. 16/17; Giebeler S. 12; Medienteam S. 2/3, 13;
Pönnighaus-Martin S. 1, 4, 30/31, 32/33, 40/41, 46/47;
Schnorr v. Carolsfeld-Giebeler S. 8/9; Wälde S. 44/45

Impressum:

Bestell-Nr. 392.127
ISBN 3-7751-2127-7

Titelbild: G. Gräfenhain/Superbild
Umschlaggestaltung: Dialog Werbeagentur, Waldbronn
Innengestaltung: Heide Schnorr v. Carolsfeld-Giebeler
Lektorat: Uta Andrea Müller
Printed in Germany

hänssler